AF404096

EX LIBRIS
L. DUSSIEUX

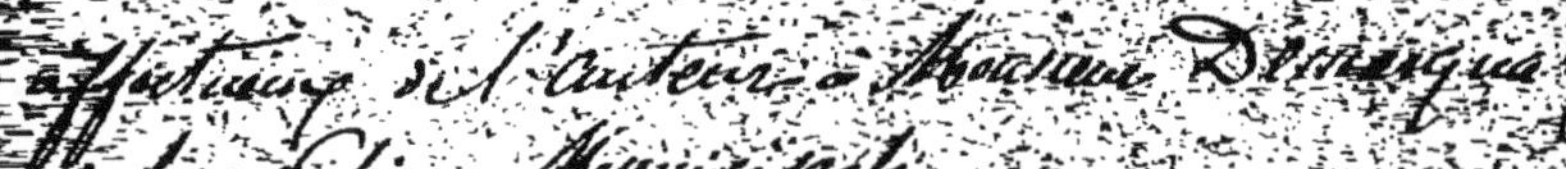

ORIGINES

DE

St-MAUR-DES-FOSSÉS

OU ÉTAIENT

LE CAMP DES BAGAUDES ET LE FOSSÉ

QUI A DONNÉ SON NOM AU PAYS,

PAR

ÉMILE LAMBIN

Commissaire de Police de la ville de Paris,
Ancien Commissaire de Police de Saint-Maur et de Vincennes,
Auteur de plusieurs Études historiques.

*Memento dierum antiquorum, cogita
generationes singulas...*

Souviens-toi des anciens jours et
pense à chacune des générations
passées...

(Deutéronome, chap. XXXII, v. 7.)

PARIS

DUMOULIN, LIBRAIRE-ÉDITEUR

13, QUAI DES AUGUSTINS, 13.

1873

ORIGINES

DE

SAINT-MAUR-DES-FOSSÉS

2896 — Paris. — Typ. MORRIS père et fils, rue Amelot 64

ORIGINES

DE

ST-MAUR-DES-FOSSÉS

OU ÉTAIENT

LE CAMP DES BAGAUDES ET LE FOSSÉ

QUI A DONNÉ SON NOM AU PAYS,

PAR

ÉMILE LAMBIN

Commissaire de Police de la ville de Paris,
Ancien Commissaire de Police de Saint-Maur et de Vincennes,
Auteur de plusieurs Études historiques.

Memento dierum antiquorum, cogita generationes singulas....

Souviens-toi des anciens jours et pense à chacune des générations passées....

(*Deutéronome*, chap. XXXII, v. 7.)

PARIS

DUMOULIN, LIBRAIRE-ÉDITEUR

13, QUAI DES AUGUSTINS, 13.

1873

ORIGINES

DE

SAINT-MAUR-DES-FOSSÉS

Ou étaient le camp des Bagaudes et le fossé
qui a donné son nom au pays.

I

La terre qui porte le nom de Saint-Maur-des-
Fossés est une des plus riches en souvenirs gaulois et chrétiens. Les Bagaudes et leur camp retranché ; leur lutte sous leurs chefs Ælianus et
Amandus contre Maximien, collègue de Dioclé-
tien, qui emporta le camp et les passa au fil de
l'épée ; le martyre de Saint-Félix, à la Varenne ;
celui des saints Agoard et Aglibert à Créteil, le
vicus christoïlus des anciennes chartes, mis à
mort le même jour que Félix par les soldats
d'Attila ; la fondation de l'Abbaye du Fossé par
Blidegisille, archidiacre de l'église de Paris
sous Clovis II ; la légende de saint Babolein,
premier abbé du Fossé ; l'arrivée du corps de
saint Maur, que les moines de Glanfeuil, en
Anjou, transportèrent au Fossé pour le sous-
traire aux mains des Normands ; la splendeur de

l'Abbaye que visitèrent au moyen âge les rois de France et l'empereur d'Allemagne Charles IV; le pèlerinage de Notre-Dame-des-Miracles; la transmission de la seigneurie de Saint-Maur, qui appartenait à l'Abbaye, à Catherine de Médicis et ensuite à la maison de Condé; les embellissements dus à la magnificence du vainqueur de Rocroy, Louis II de Bourbon, prince de Condé, baron de Saint-Maur et autres lieux; tout cet ensemble de faits forme une histoire des plus curieuses au point de vue national et chrétien.

La question la plus intéressante, et qui se présente d'abord à l'esprit quand on étudie cette histoire, est celle-ci : où étaient situé le Camp des Bagaudes et le Fossé qui a donné son nom au pays? C'est cette question que nous nous proposons, sinon de résoudre, du moins d'étudier dans ce travail.

Mais avant, il en est une qu'il faut d'abord examiner, c'est celle-ci : le Camp des Bagaudes et le Fossé, ont-ils réellement existé?

Sans nier positivement leur existence, plusieurs auteurs ont combattu la tradition, attaqué les anciennes chartes et les anciens documents. Le père le Cointe, dans ses *Annales ecclesiastici Francorum*, dit que le Camp des Bagaudes ne fut pas construit par Jules César, ainsi que le prétend le moine anonyme qui a écrit au onzième siècle la vie de saint Babolein, par cette excellente raison que César n'est jamais venu dans la presqu'île de la Marne. Il ajoute que plusieurs révoltes de Bagaudes ayant eu lieu en Gaule, il est difficile de préciser la date de la construction du camp et celle de sa destruction. Enfin il doute fort que les Bagaudes et leurs chefs fussent chrétiens. L'abbé Lebeuf, dans son *Histoire du diocèse de Paris*, reproduit le dire du père le Cointe. Il raille surtout le pauvre moine parce qu'il dit que César nomma le camp *Castrum Bagaudarum*, du nom de ceux auxquels il en confia la garde, à une époque où ce nom n'existait pas encore. Nous pensons que Lebeuf et le père le Cointe lui-même, en admettant que César ne soit pas le constructeur du camp, sont dans l'erreur quant à l'origine même de ce nom. Bagaudes vient du mot celtique *Bagad* ou *Bagod* qui signifie troupe. Or, ce mot devait exister en Gaule, même avant César. Il fut plus connu au troisième siècle après la révolte des paysans gaulois et chrétiens, voilà tout. D'ailleurs du Breuil, dans son *Théâtre des Antiquités de Paris*, donne au mot Bagaudes une étymologie douteuse, il est vrai, mais curieuse. En parlant de César comme fondateur du camp, il dit : « Et y » mit garnison de soldats appelés *Bagaudæ* que

» nous pouvons appeler Baudets. Desquels ce
» château print le nom et fut appelé *Castrum Ba-*
» *gaudarum*, le château des Bauders. Aucuns ont
» opinion que ce sont ceux mesmes que les
» Romains appelaient *Alaudas*, mentionnés par
» Suétone en la vie dudit empereur, ch. 21 :
» *Conscripsit unam legionem ex transalpinis,*
» *quæ vocabulo gallico Alauda appellabatur.* Et
» Cicero ad Atticum : *Antonius cum legione Alau-*
» *darum ad urbem pergit.* » Ainsi, d'après du
Breuil, les Bagaudes du temps de César ne
seraient autres que la légion gauloise dite l'*A-*
louette, levée en Gaule par les Romains. De
Alaudæ on aurait fait *Bagaudæ*. Nous donnons
cette opinon pour ce qu'elle peut valoir, mais
il est étrange que Lebeuf n'en ait rien dit. Cependant, malgré ses dispositions à combattre la
tradition, Lebeuf, dans sa *Notice sur Saint-Maur*
débute par ces mots : « C'est une opinion com-
» munément reçue que le lieu où est le bourg
» de Saint-Maur ait eu primitivement le nom
» de *Castrum Bagaudarum* aussi bien que celui de
» *Fossatus.* » Plus loin, examinant le texte de
l'anonyme, il dit : « On peut lui accorder ce
» qu'il dit sur les anciennes murailles d'un châ-
» teau dont il avait vu les fondements en ce lieu,
» aussi bien que sur le fossé. » Ainsi, il recon-
naît en principe l'existence d'un château et d'un

fossé. Enfin, après avoir nié la fondation du château par César et même l'occupation du lieu par les Bagaudes; après avoir dit sans preuves que les copies des premières chartes concernant la fondation de l'abbaye avaient été retouchées et interpolées dans le but d'établir une tradition mensongère, il fallait bien expliquer la présence des vestiges vus au onzième siècle par l'anonyme. C'est alors que Lebeuf déclare que ces vestiges étaient les fondements d'un temple païen dédié au dieu Sylvain. Il se base pour soutenir cette thèse sur l'existence dans l'abbaye d'une pierre portant une inscription latine qui constate le rétablissement au deuxième siècle d'un collége de prêtres du dieu des forêts. Or, comme un collége de prêtres suppose nécessairement un temple desservi par eux, l'abbé Lebeuf pense que les vestiges dont il s'agit étaient les fondements de ce temple. Cette opinion de Lebeuf peut être soutenue, mais on peut la combattre, car rien n'est venu la confirmer. Et puis, la pierre dont il est question avait-elle été vraiment trouvée sur les lieux ou apportée de loin? On l'ignore.

Un homme que nous avons connu et dont il nous a été donné d'apprécier tout à la fois la science profonde et la modération dans les opinions, l'abbé Pascal, membre du clergé de

Paris, auteur de plusieurs ouvrages d'érudition ecclésiastique, a écrit dans les dernières années de sa vie une notice sur Saint-Maur-des-Fossés et sur la villa Bourières qui existe aujourd'hui sur l'emplacement de l'ancienne Abbaye. Or, l'abbé Pascal accepte l'opinion de Lebeuf sur l'existence du temple païen, mais il dit que ce fut précisément sur les ruines de ce temple que les Bagaudes construisirent leur forteresse ; il ne doute nullement qu'ils fussent chrétiens, et, selon lui, la forteresse ne fut pas un lieu de refuge pour les révoltés, mais bien la capitale même de la *Bagaudie* qui y succomba dans un suprême assaut.

Pour nous, en présence d'une tradition aussi ancienne, aussi constante, corroborée par les textes que nous allons produire, affirmée par le nom du pays, nous n'hésitons pas à dire : Oui, le Camp des Bagaudes et le Fossé ont existé ; ce Camp a été construit, ce Fossé a été creusé par les Bagaudes eux-mêmes, et ces Gaulois révoltés étaient chrétiens, ainsi que leurs chefs.

II

Maintenant, abordons la question qui nous occupe et tâchons de préciser l'endroit où étaient le Camp et le Fossé.

Il n'a pas été possible jusqu'à présent de résoudre d'une façon certaine cette question, surtout en ce qui concerne le Fossé; mais on peut, par l'étude des plus anciens documents, par celle de la topographie de Saint-Maur et par celle des vestiges laissés, arriver sinon à la certitude, du moins à une grande probabilité.

Étudions d'abord les documents :

Les deux plus anciens que l'on possède sur Saint-Maur-des-Fossés, au point de vue historique et descriptif, sont la charte de Clovis II, de 638, charte par laquelle il donne le camp des Bagaudes à l'archidiacre Blidegisille pour y construire une abbaye, et la charte de Blidegisille, de 640, charte par laquelle ce personnage transporte à Saint-Babolein et à ses religieux tous les biens que le roi lui a donnés deux années auparavant. Plus tard vient, au onzième siècle, la vie de saint Babolein, premier abbé du Fossé, écrite sous le règne de Philippe Ier, par le moine anonyme de l'abbaye.

Voici comment s'exprime la charte de Clovis II qui se trouve, comme la seconde, dans les *Annales ecclesiastici Francorum* du père le Cointe, tome III, et qui est le document capital :

« Quandam terram ex jure nostro proprietatis
» in parisiacensi pago consistentem, illum vide-

» licet castellionem, qui Fossatus dicitur, et
» quem vulgaris lingua castrum vocat Bagau-
» darum super fluvium Maternæ situm, haben-
» tem ab introïtu suo usque in alveum ipsius
» Maternæ buinaria duodecim cum totâ terrâ
» vocabulo Varenna quæ est in circuitu ipsius
» castellionis, et quam Maternæ fluvius gyrat
» ac fossatus aquæ concludit. »

Et plus loin :

« Castellionem cum jam dictâ Varennâ, quam
» fluvius Maternæ circumdat, et fossatus Cas-
» tellionis, un jam dictum est, in introïtu suo
» ab aquâ in aquam totam terram concludit ad
» integrum. »

La seconde charte, celle de Blidegisille de 640,
ne fait, dans sa partie descriptive, que répéter
textuellement celle de Clovis II. Il est donc inu-
tile d'en citer des passages, mais il faut remar-
quer qu'elle est importante, en ce sens qu'elle
confirme la première.

Voici maintenant comment s'exprime le
moine auteur de la vie de saint Babolein, vie
qui se trouve dans les *Scriptores historiæ Francorum* de André Duchesne, tome Ier :

« Erat denique, his diebus quoddam vetus
» castellum non longe distans, sed quasi qua-
» tuor milliariis à mœnibus Parisiacæ urbis, à
» Julio quondam Cæsare nobilitur construc-

» tum, antiquorum gentilium mœniis, fossa-
» tuumque ac murorum propugnaculis circum-
» cinctum, Maternæ fluvio permaximo telluris
» spatio sibi circumfluente firmatum, atque
» vallatum aquâ et muris undique, vocitatum
» Castrum Bagaudarum ab antiquis, quod jam
» tunc locus dicebatur Fossatensis. »

Plus loin, revenant sur la fondation du camp
par César, il dit :

« Quod etiam castrum Bagaudarum vocavit
» nomine sumpto à custodibus, quos ibi depu-
» tavit. Usque hodie etenim inveniuntur lapi-
» des magni optimo opere Romanorum qua-
» drati, qui fundamento ipsius ædificii tunc
» temporis fuerunt positi. Firmitas vero fluvii,
» quæ non hominis manu facta est, sed Dei
» virtute et gratiâ, ante secularia tempora
» ordinata, æstate et hyeme talis est et tanta, ut
» nec vadum nec transitum habeat, nisi juva-
» mine pontis aut remigio navis. A parte siqui-
» dem orientis et septentrionis, ita illud idem
» fluvius circuit, ut cunctis illic commanentibus
» pro muro habeatur, ut in illis impletum vi-
» deatur quod in exodio legitur : quia aquæ
» erant, pro muro Israëlitis à dextris et sinis-
» tris. Ad occidentis vero partem, quæ parisius
» respicit urbem, antiquis paganorum, de qui-
» bus jam diximus, operibus ex petrosâ terrâ

» ædificatus exstat murus firmissimus cum al-
» titudine magnorum fossatuum, qui ab aquâ
» in aquam, id est à parte meridiei usque ad
» septentrionis plagam protendi videtur. »

Enfin, après avoir fait l'histoire du Camp et avoir raconté dans un émouvant récit la dernière lutte soutenue par les Bagaudes contre les légions de Maximien, il ajoute :

« Castrum vero ad nihilum ita redegit, ut
» pene absque ruinis fossatuum, nulla vesti-
» gia in eo apparerent quarumcumque muni-
» tionum scilicet ut quod inter alia castra fue-
» rat tumens munitione Imperiali excellentius,
» ab imperatore utique romano destrueretur
» altius. »

Henri Martin, dans son *Histoire de France*, tome Ier, a suivi la leçon de l'anonyme. Il dit :

« Maximien poursuivit sa route, assaillit les
» Bagaudes et les défit, à ce qu'on croit, sur le
» territoire des Edues (près de Cussi, en Bour-
» gogne); après divers échecs, la plus grande
» partie de cette multitude indisciplinée se
» dispersa et mit bas les armes; les plus
» braves, avec leurs chefs Ælianus et Amandus,
» se retirèrent dans la presqu'île que forme la
» Marne, un peu au-dessus de son confluent
» avec la Seine, et qui était alors, compléte-
» ment isolée de la terre ferme par un mur et

» un fossé attribués à Jules César ; ils se défen-
» dirent jusqu'à la dernière extrémité dans ce
» camp retranché, que les légions finirent par
» emporter d'assaut après un long siége. Ælia-
» nus et Amandus moururent les armes à la
» main. Ce lieu conserva pendant plusieurs
» siècles le nom de Camp des Bagaudes ou
» Fossé des Bagaudes ; c'est aujourd'hui Saint-
» Maur-des-Fossés, près Paris. »

Or, il résulte évidemment de ces textes :

1° Que l'abbaye de Saint-Maur fut bâtie là où avait existé le Camp des Bagaudes et le Fossé ; ce qui affirme leur existence et précise déjà leur emplacement ;

2° Que ce Camp fut construit par Jules César ou par les Bagaudes eux-mêmes, ce qui est infiniment plus probable ;

3° Que, sans aucun doute, en admettant qu'il dût son origine à César, les Bagaudes l'occupèrent au troisième siècle, et s'y défendirent contre les Romains ;

4° Qu'un fossé profond, rempli d'eau, et un mur fermaient l'entrée de la presqu'île de la Marne ;

5° Que ce fossé et ce mur faisaient partie des fortifications du Camp ;

6° Qu'au onzième siècle, on voyait encore des vestiges du Camp ou du Fossé des Bagaudes.

Telles sont les données générales fournies par les documents. L'étude de la topographie de Saint-Maur et des vestiges qui y ont été trouvés nous permettront d'indiquer, d'une façon précise, l'endroit où était le Camp et l'endroit où étaient le mur et le Fossé fermant la presqu'île de la Marne. Mais avant, nous avons trois questions importantes à résoudre.

La première est celle-ci : le refuge des Bagaudes était-il un château proprement dit ou un camp? Pour nous, ce refuge était un camp. *Castellum* et son diminutif *Castellio* signifient, il est vrai, camp, lieu fortifié, mais leur signification réelle est château, forteresse. Au contraire *Castrum*, le mot primitif, signifie camp. Or, les deux chartes disent que dans la langue vulgaire du pays on appelait le lieu donné à Blidegisille *Castrum Bagaudarum*, le Camp des Bagaudes. Nous préférons certainement la tradition gallo-romaine au mot *Castellio* employé par les chartes. L'anonyme rappelle aussi cette tradition, car après avoir employé le mot *Castellum*, il ajoute : *vocitatum Castrum Bagaudarum ab antiquis*. Le refuge des Bagaudes était donc un vaste camp défendu par des murs épais et des fossés profonds.

La deuxième est celle-ci : l'isthme a-t-il été coupé par un fossé ou par une suite de fossés?

A cette question, la réponse est facile. Les deux chartes disent *Fossatus* et ce n'est que plus tard qu'on a dit *Fossati* et *Fossata*. L'anonyme dit aussi : *Quod jam tunc locus dicebatur Fossatensis.* Enfin les chartes mérovingiennes postérieures aux deux premières disent *monasterium Fossatense*, le monastère du Fossé. Donc, il n'y avait qu'un fossé.

La troisième est celle-ci : des fossés ont-ils été creusés tout autour de la presqu'île? En d'autres termes : le Camp comprenait-il toute la presqu'île de la Marne? Cette opinion ne repose sur aucune donnée sérieuse. Si la presqu'île a été fortifiée dans toute sa circonférence, comment se fait-il qu'on n'ait découvert aucune trace de ces fortifications, surtout du côté de la Varenne où on a retrouvé des tumulus gaulois? Les Bagaudes auraient-ils eu le temps de faire d'aussi grands travaux? De plus, cette opinion a contre elle le texte même des chartes. Ce texte dit : *Habentem ab introïtu suo usque in alveum ipsius Maternæ, buinaria duodecim, cum totâ terrâ vocabulo Varenna quæ est in circuitu ipsius Castellionis.* Or, du Cange dit que le *buinarium*, en français *bonnier de terre*, était une mesure de terre comme le *jugerum* romain. Le *jugerum* romain avait une longueur de 240 pieds et une largeur de 120 pieds. Guérard,

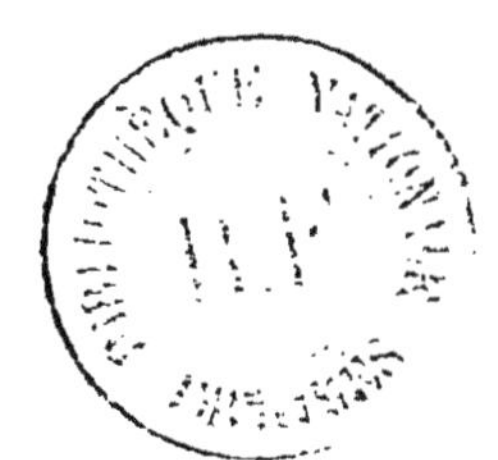

dans son *Polyptyque d'Irminon*, dit que le bonnier égalait cinq *jugerum*. En convertissant ces mesures de superficie anciennes en mesures de superficie métrique, on obtient pour douze bonniers de terre une superficie qui peut représenter le monticule de Saint-Maur. Ces mots : *cum totá terrá vocabulo Varenna* doivent être traduits dans le sens que la Varenne est en plus des douze bonniers et non pas qu'elle est comprise dans les douze bonniers, et ces mots : *quæ est in circuitu ipsius castellionis*, doivent être traduits dans le sens que la Varenne entoure l'enceinte du château et non pas qu'elle se trouve comprise dans cette enceinte. C'est ainsi d'ailleurs que ce texte a été interprété dans une notice sur deux chartes inédites du huitième siècle relatives à l'Abbaye de Saint-Maur-des-Fossés, notice qui a paru dans la *Bibliothèque de l'École des chartes, 3ᵉ série, tome Iᵉʳ*, et qui est signée *H.-L. B.* D'ailleurs, en lisant avec soin le texte des chartes, on voit parfaitement que leurs auteurs ont fait une distinction entre le *Castellio* et la *Varenna*. Il est évident que les Bagaudes, réfugiés dans la presqu'île de la Marne pour s'y défendre contre les légions romaines, ont pu l'occuper militairement dans toute son étendue ; mais il paraît évident aussi, d'après les textes, comme nous allons le voir d'après la topographie et les vestiges laissés, que leur camp se trouvait près du fossé qu'ils avaient creusé pour couper l'isthme, c'est-à-dire sur le monticule de Saint-Maur.

III

Maintenant, étudions la topographie du pays.

Bien que le sol de Saint-Maur ait été remué à différentes époques dans sa partie haute, la configuration du terrain n'a pas beaucoup changé dans son ensemble. Or, lorsqu'on l'étudie avec soin, on voit que ce terrain, à l'entrée de la presqu'île, forme une colline au nord, laquelle colline s'abaisse en descendant vers le sud. C'est au pied de cette colline, au nord, sur la rive même de la Marne, que fut construite au septième siècle l'Abbaye du Fossé, qui garda ce nom jusqu'au treizième siècle, époque à laquelle on l'appela Saint-Maur-des-Fossés. C'est sur le sommet que fut construit, au seizième siècle, lorsque l'Abbaye fut sécularisée, le château du Chapitre, qui fut vendu à Catherine de Médicis avec la seigneurie de Saint-Maur, et qui, à la mort de cette reine, fut acquis avec ladite seigneurie par Charlotte-Catherine de la Trémouille, veuve du prince de Condé, laquelle en fit don à son fils en 1612.

Aujourd'hui, après les changements qui ont eu lieu, le sommet de la colline est occupé par l'avenue de la Pelouse et par l'avenue de Condé. En descendant un peu vers le sud se trouve l'avenue Marainville. La rue Saint-Honoré et la vieille route de la Varenne sont à la base du monticule, du côté opposé, bien entendu, à celui où se trouvait l'Abbaye. A l'est, la colline s'abaisse par une pente très-douce jusqu'au Parc. A l'ouest, elle descend en pente rapide dans la largeur de l'isthme, en haut vers la rue Beaubourg et en bas jusqu'à la ruelle des Portes. Ces deux derniers points sont les extrémités d'une vallée très-sensible à l'œil, car, après l'avoir dessinée, le terrain remonte vers les plateaux de Joinville et de Gravelle. Or, d'après ces données et en rapprochant les textes de la topographie du pays, nous pensons que le Camp des Bagaudes était situé sur le sommet de la colline, là où sont les avenues de la Pelouse et de Condé. Ce Camp devait être défendu au nord par un mur dont nous parlerons en étudiant les vestiges et par un fossé regardant la Marne; à l'est, par des fortifications élevées à l'endroit où la colline s'abaisse vers le parc; au midi, par des fortifications élevées soit à mi-côte, un peu plus bas que l'avenue Marainville, soit au pied de la colline, là où passent la rue Saint-Honoré et la vieille route de la Varenne ; à l'ouest enfin, par le grand Fossé et le mur fermant l'entrée de la presqu'île et qui devaient se trouver dans la vallée qui s'étend de la rue Beaubourg à la ruelle des Portes, ainsi que nous allons essayer de le démontrer tout à l'heure. Cet ensemble de fortifications devait avoir la forme d'un carré long et enfermer tout le monticule de Saint-Maur. Ce monticule, en effet, est la position militaire du pays. Et cela est si vrai, que, dans la dernière guerre, lorsqu'il s'est agi d'établir une redoute pour couvrir la presqu'île et lutter contre l'artillerie allemande, c'est précisément là, sur ce plateau, que la redoute a été établie et, le 2 décembre 1870, nous avons vu son canon tirer sur Champigny et Chenne-vières. Eh bien, puisque aujourd'hui encore cette position est la seule position militaire du pays, excellente même, au dire des hommes compé-tents, n'est-il pas évident que lorsque les Ba-gaudes sont venus dans la presqu'île, c'est là aussi qu'ils ont dû établir leur camp, parce que sur cette colline ils dominaient tous les en-virons et pouvaient se défendre avec avantage contre les légions romaines ? Nous considérons cette position du Camp des Bagaudes comme certaine, bien qu'il n'existe aucune trace des fortifications supposées à l'est et au midi. Cette absence de trace de fortifications à l'est et au midi pourrait peut-être s'expliquer. En effet, le sol, dans ces deux parties du monticule, a dû être beaucoup plus remué qu'au nord et à l'ouest, lorsque les Condés ont dessiné les jardins et construit les terrasses de leur magnifique résidence.

Quant au mur et au grand fossé qui fermaient l'entrée de la presqu'île, ils devaient se trouver dans la vallée que nous venons d'indiquer, d'abord parce que cette vallée se trouve au pied de la colline, à l'ouest et rapprochée du sommet, la pente étant rapide ; ensuite, parce que cette vallée est naturellement la ligne la moins élevée au-dessus du niveau de la Marne ; enfin, parce que l'espace compris entre son point nord et son point sud est celui où l'isthme était autrefois le plus étroit, avant qu'on eût réuni à la terre ferme l'île Beaubourg et l'île du Couvent.

On a pensé généralement que le Fossé et le mur des Bagaudes devaient exister à l'endroit où on a creusé le canal Saint-Maur. C'est une erreur. Il faut se rendre compte que pour creuser ce canal il a fallu entamer le sommet d'un plateau et creuser à des profondeurs énormes. Or, les Bagaudes s'évitaient un travail fort long et fort difficile en creusant le fossé dans la vallée. Pourquoi cette erreur s'est-elle accréditée? Parce qu'on a cru que l'espace compris entre les deux extrémités du canal était le plus étroit de l'isthme. Il n'en est rien cependant. En effet, si nous tirons une ligne partant de l'extrémité nord du canal et venant jusqu'à son extrémité sud, nous obtenons une longueur plus grande que celle que nous avons en tirant une ligne partant de l'extrémité nord de la rue Beaubourg, et venant tomber à l'extrémité sud de la ruelle des Portes. L'extrémité sud du canal et l'extrémité sud de la ruelle des Portes aboutissent au bras méridional de la Marne, non pas au bras principal, mais au bras formé par des îles et qui se dessine parfaitement sur la carte, malgré les travaux d'irrigation qui ont été faits à cet endroit. Telle est notre opinion sur l'emplacement du fossé et du mur qui fermaient à l'occident la presqu'île de la Marne et le camp des Bagaudes.

Résumant cette seconde partie de notre travail, nous dirons :

1° Le camp des Bagaudes était placé sur le sommet de la colline de Saint-Maur;

2° Le Fossé et le mur fermant la presqu'île et le Camp devaient exister dans l'espace compris entre l'extrémité nord de la rue Beaubourg et l'extrémité sud de la ruelle des Portes;

3° Si d'autres fortifications existaient, comme cela est probable, elles devaient avoir la forme d'un carré long et encadrer le monticule de Saint-Maur.

On a fait une objection touchant les fortifications du Camp des Bagaudes, en disant que des bandes révoltées et fuyant devant Maximien, n'ont pu exécuter ces travaux. A ceci on peut répondre qu'il y a des vestiges qui sont une preuve matérielle de ces fortifications; que la poursuite des Romains ne fut pas tellement rapide, que les Bagaudes n'eussent pas eu le temps de se retrancher sur le monticule. Enfin, on peut admettre l'opinion de l'abbé Pascal, qui pense que le camp de la Marne ne fut pas un camp de refuge, mais un camp fortifié dès les premiers temps de la révolte, la capitale même de la *Bagaudie*. Dans tous les cas, l'objection a sa valeur, car elle vient à l'appui de notre thèse, puisque nous pensons que le *Castrum Bagaudarum* ne fut pas une forteresse de pierre, mais un vaste camp retranché, entouré seulement de murs et de fossés.

IV

Arrivons aux vestiges.

Les vestiges laissés sont rares. Toutefois, le peu qu'il en reste vient à l'appui de la thèse que nous soutenons sur l'emplacement du Camp et du Fossé des Bagaudes.

Parlant de la villa Bourières, construite sur l'emplacement même de l'Abbaye, l'abbé Pascal dit : « L'abord de cette villa moderne pré-
» sente à l'œil exercé des traces évidentes
» de constructions gallo-romaines. A droite de
» sa principale porte d'entrée, on retrouve des
» vestiges de l'ancien cloître, mais ce qui est
» bien plus remarquable, c'est le mur qui borde
» l'impasse dite encore aujourd'hui *avenue de*
» *l'Abbaye*. Ce mur, d'une épaisseur énorme,
» est, à notre avis, un reste de l'ancien *Castrum*
» des Bagaudes. »

Le mur dont parle l'abbé Pascal est situé au bas de la colline où était établi le Camp des Bagaudes, au nord, à peu de distance de la Marne. Or, il pouvait bien se prolonger jusqu'à la rue Beaubourg, faire ensuite retour à gauche et venir finir à la ruelle des Portes, en suivant la vallée dont nous avons parlé. Ce mur pou-vait bien aussi tourner à gauche là où il s'arrête aujourd'hui, monter sur la colline, passer sur la place de l'Église, descendre vers le sud en suivant la ligne indiquée par la rue du Four, et venir finir à la ruelle du Pont-de-Portes, qui, comme la ruelle des Portes, touche à la Marne.

La première de ces opinions vient à l'appui de notre thèse, mais nous reconnaissons que la seconde peut être soutenue. Bien que cela soit peu probable, il pourrait se faire que les Bagaudes eussent creusé le Fossé sur le monticule jusqu'au niveau de la Marne. Le mur en question se termine à l'entrée de l'impasse de l'Abbaye par un gros pilier de forme ronde, qui semble indiquer qu'il tournait là pour monter sur la colline. Quant à l'authenticité de ce mur, nous l'acceptons d'après l'abbé Pascal, qui, pour nous, est une autorité. Ce mur, qui était situé près de l'église de l'Abbaye, est peut-être un des vestiges vus au xie siècle par l'anonyme. Puis, quand on fait des recherches archéologiques, il y a une chose dont il faut aussi tenir compte : c'est le sentiment intime que fait naître l'aspect général des lieux qu'on étudie. La première fois que nous sommes monté sur la colline et qu'il nous a été donné d'embrasser d'un même regard le monticule, la presqu'île et le pays d'alentour, une voix intérieure nous

a dit : « Oui, c'est ici qu'était le Camp des Ba-
» gaudes. » Et lorsque nous avons examiné ce
vieux mur, en partie caché par du lierre et des
rosiers sauvages, cette même voix nous a dit :
« Ce mur est bien celui du Camp des Bargaudes,
» et tu marches dans le Fossé que tu cherches. »

Ce pan de muraille n'est pas le seul vestige
laissé par les Bagaudes. Voici ce que dit un peu
plus loin l'abbé Pascal en parlant des fouilles
faites dans la villa Bourières : « Ces fouilles
» dont nous parlons ont mis à jour un mur
» très-épais et formé de très-grosses pierres so-
» lidement maçonnées, traversant toute la lar-
» geur du jardin. Cette direction fait soup-
» çonner que c'est un reste de l'enceinte gallo-
» romaine sur laquelle, quelques siècles plus
» tard, a été superposé un des murs du mo-
» nastère de Saint-Babolein. La disposition
» actuelle n'a pas permis de laisser à découvert
» ce vestige que recouvre le frais gazon. Ah ! si
» ces pierres pouvaient parler, quelles indica-
» tions émouvantes ne fourniraient-elles pas,
» soit sur le temple païen du dieu Sylvain, sur
» l'attaque et la défense de la Bagaudie, soit
» sur la longue existence de l'Abbaye ! »

Ce second mur est situé au bas de la colline,
au nord-est, en face la Marne, à une distance
relativement courte du premier, et semble

former angle avec lui. Il indique que le Camp était fortifié aussi bien du côté de la Marne que du côté de l'isthme. N'oublions pas que le premier nom de l'Abbaye fut celui d'Abbaye-du-Fossé, parce qu'elle fut bâtie dans le Fossé même du Camp des Bagaudes. Or, comme nous sommes ici sur l'emplacement de l'Abbaye, nul doute que ce mur, comme le premier, ne soit un débris de l'enceinte gallo-romaine.

De ceci nous croyons pouvoir conclure :

1° Que l'existence des deux murs prouve que le Camp des Bagaudes était fortifié ;

2° Que là où sont ces murs passait l'enceinte gallo-romaine ;

3° Que cette enceinte et son Fossé pouvaient se continuer jusqu'à la rue Beaubourg, faire ensuite retour à gauche, de façon à fermer le Camp dans sa partie ouest, et se prolonger jusqu'à la ruelle des Portes, ce qui concorderait avec la topographie ; ou bien tourner brusquement à gauche et franchir la colline pour redescendre également vers la Marne.

Ici se place naturellement cette dernière question : peut-on espérer trouver d'autres vestiges du Camp des Bagaudes, du grand Fossé et du mur qui fermaient la presqu'île ?

En ce qui concerne le Camp, peut-être que des fouilles faites en suivant le carré que nous

avons indiqué pourraient amener la découverte
de quelques autres restes de l'enceinte gallo-
romaine. Lorsqu'on a établi au nord-est du
plateau de Saint-Maur la redoute dont nous
avons parlé, nous avons suivi les travaux avec
intérêt et nous sommes certain qu'aucune découverte n'a été faite. D'ailleurs, cette absence
de vestiges sur le plateau même prouve bien
que le Camp des Bagaudes n'était fortifié que
sur ses côtés. Quant au mur et au grand Fossé,
il ne faut pas désespérer d'en retrouver d'autres
traces. Il est difficile de faire des fouilles dans
la vallée que nous avons indiquée, attendu
qu'elle est en partie couverte de maisons et de
jardins; mais il pourrait se faire qu'un jour, en
creusant profondément, on découvrît d'autres
vestiges du Fossé et de ce mur. De même aussi
pourrait-on en découvrir sur la place de l'Église
et dans la ligne indiquée par la rue du Four. De
nos jours, on a beaucoup fouillé le sol de
la vieille Gaule et on est arrivé à d'heureux ré-
sultats; pourquoi n'en obtiendrait-on pas à
Saint-Maur?

Nous voici arrivé au terme de notre travail.
Si nous avons commis des erreurs, de plus sa-
vants que nous les relèveront. Il nous restera
toujours le mérite d'avoir le premier traité
à fond et essayé de résoudre cette question de

l'emplacement du Camp et du Fossé des Bagaudes.

Qu'il nous soit permis ici d'adresser nos bien sincères remercîments à M. Bourières, qui nous a ouvert les portes de sa villa et qui a mis à notre disposition son *Museum Fossatense*, que la guerre, hélas! a détruit en partie; à M. Gatin, secrétaire de la mairie de Saint-Maur, qui nous a donné de précieux renseignements sur la topographie du pays, et à M. Ramaugé, employé des ponts et chaussées, qui conduisait pendant la guerre les travaux de la redoute et qui nous en a facilité l'accès.

V.

Un dernier mot en finissant.

Dans ce monde, tout passe, tout s'efface. Non-seulement le Camp des Bagaudes a disparu, mais encore de l'Abbaye construite dans son Fossé et du château des Condés, il ne reste plus rien. Palais, jardins, jets d'eau, cascades, terrasses, pelouses, tout s'est évanoui, et si le grand capitaine revenait aujourd'hui sur la colline, à la place des splendeurs qu'il y avait créées, il trouverait de modestes maisons bourgeoises, des carrés de luzerne et des avenues

sans ombrage. Seule, la vieille église parois-
siale a défié les siècles. Avec son clocher ro-
man, couvert de mousse, avec ses piliers sculp-
tés, ses arceaux gothiques et sa voûte élancée,
elle est restée comme le témoignage d'un passé
à jamais fini. Mais si le temps a détruit toutes
les magnificences de l'ancien Saint-Maur, il
y a cependant une chose qui n'a pas encore
changé, c'est l'aspect général du pays. En
effet, quand on parcourt Saint-Maur et la
presqu'île, il y a dans l'ensemble du paysage
je ne sais quoi qui reporte l'esprit aux âges
celtiques et chrétiens. La Marne et ses hauts
peupliers, les bords escarpés de la rivière qui
roule son eau verte sur un lit de rochers; le
sombre horizon de la Varenne, tout rappelle
la terre arrosée du sang des Bagaudes, des
Félix, des Agoard et des Aglibert. Eh bien,
nous le disons avec bonheur, la terre de Saint-
Maur a vu de nos jours continuer cette tradition de foi et de patriotisme. Dans la dernière
guerre, c'est encore près de là, à Créteil,
que sont tombés les premiers soldats qui ont
défendu Paris contre une nouvelle invasion
de Barbares; c'est sur le plateau de Saint-
Maur, là même où était le camp des Bagaudes, que fut établie cette formidable redoute
qui, croisant ses feux avec ceux des forts,

envoyait ses boulets dans les retranchements allemands. Cette terre des vieux Celtes a été fidèle à ses anciens souvenirs. Conservons-les donc précieusement ces souvenirs, et sachons, lorsque le moment sera venu, nous rappeler que nous sommes encore les fils des Gaulois et les enfants des martyrs!

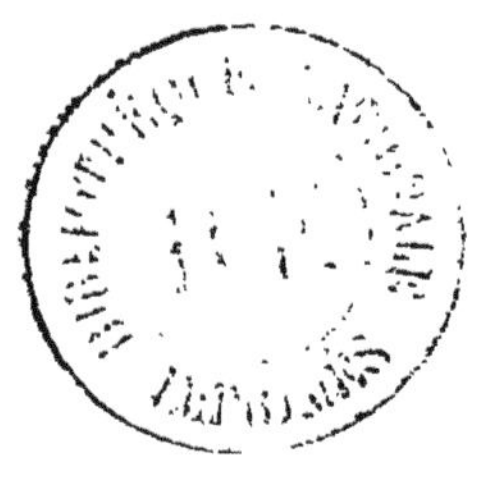

2896   Paris. — Typ. Morris Père et Fils, rue Amelot, 64.

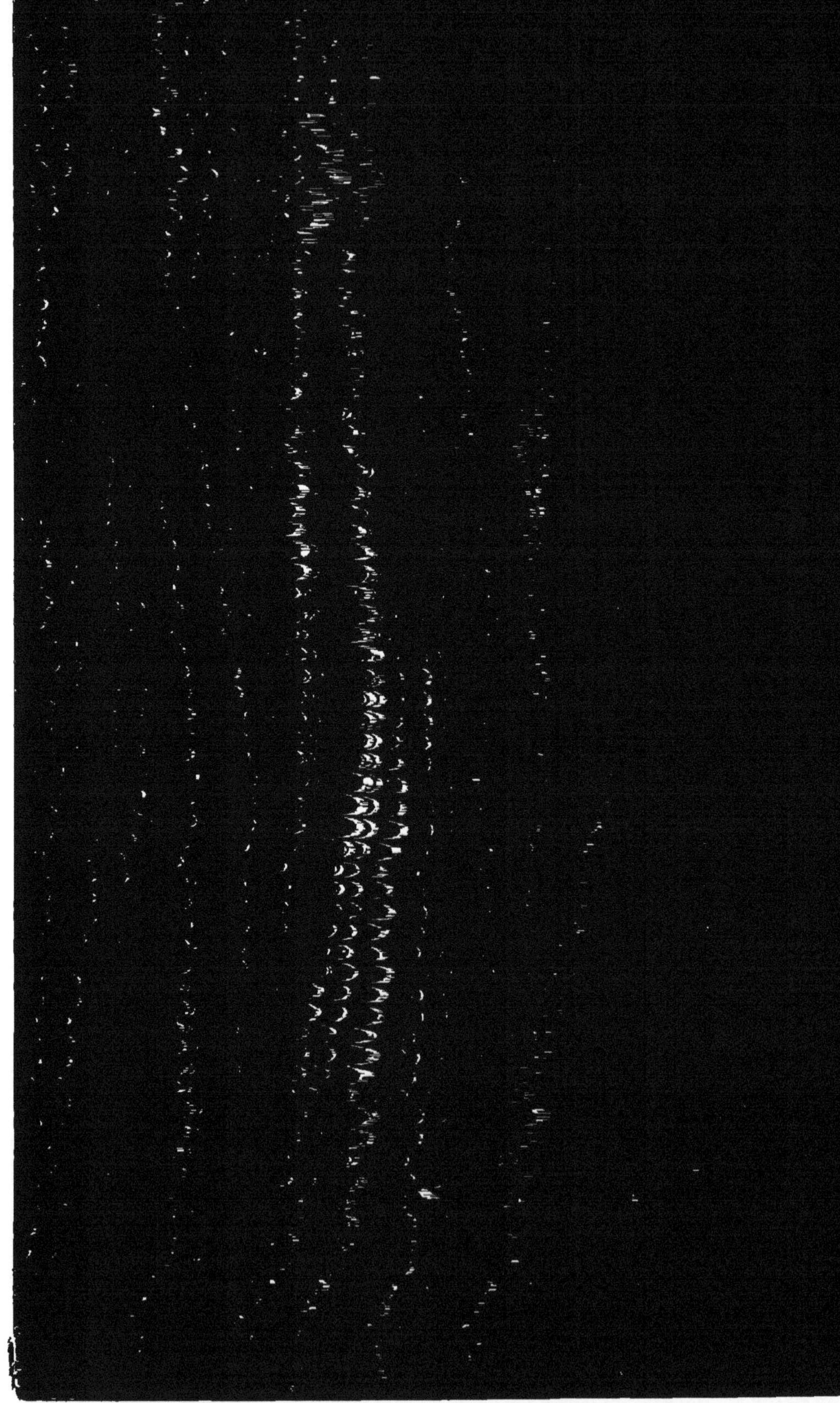